Hans Norbert Janowski

F A L L O B S T

Aphorismen, Sprüche und Sentenzen V

Hans Norbert Janowski

F A L L O B S T

Aphorismen, Sprüche und Sentenzen V

Mit Kreidezeichnungen von

Nicole Janowski-Meyer

Hans Norbert Janowski:
F A L L O B S T
Aphorismen, Sprüche und Sentenzen V

1. Auflage, Düsseldorf 2024

VERLAG
Edition Virgines e.K.
www.editionvirgines.de | editionvirgines@t-online.de

ABBILDUNGEN
Nicole Janowski-Meyer: Kreidezeichnungen

DRUCK UND BINDUNG
Docupoint, Barleben

ISBN 978-3-910246-33-1

Inhalt

Vorwort

Früchte, die nicht gepflückt werden, fallen vom Baum oder Strauch. Als Fallobst leuchten sie im Gras oder auf Sand, faulen, gären und saften. Sie verderben, werden von Vögeln und Wildschweinen gefressen. Manchem fallen sie in den Schoß; wenn man sie sammelt, können sie zu Saft gepresst, zu Most und Obstlern vergoren und destilliert werden.

Der Verfall zeigt eine Noblesse, die seit je die Phantasie angeregt und zu bildnerischem, gesanglichem und kulinarischem Genuss gereizt hat. Sie lässt sich von den Farben, dem Geschmack, den Säften und Konfitüren sowie dem Spiritus verführen. Das Streuobst ist ein Labsal für die Sinne; Augen, Geruch und Zunge erregen den Geschmack sowie den Griff nach den einladenden Früchten.

Im biblischen Mythos kommt der Mensch dem Fall vom Baum zuvor: Eva greift nach der Frucht, bevor sie fällt und gelangt zu einer Erkenntnis, die über den Genuss hinausreicht. Im Moment des Zugriffs treibt ein Verstandesreiz sie an: die Neugier – ein Bedürfnis, das sich nicht nur auf den Geschmack, sondern vor allem auf das Wissen richtet. Und es fragt sich, warum der Schöpfer seinem kreatürlichen Ebenbild das Geheimnis der Kultur, die Erkenntnis von Gut und Böse, vorenthalten wollte.

In diesem Reiz, dem Momentum der Neugier vor dem Fall, lässt sich, wie im Genuss der gefallenen Frucht, ein Motiv erkennen, das auch den Aphorismus beflügelt: er ist dem Wurm ähnlich, der das Obst zu Fall bringt. Der Stich ins Fruchtfleisch verpasst der Reife jenen Schlag, der sie kippt, im Fall ihre Form und Substanz verwandelt und zur Nature morte macht.

Wie das Stillleben mit Fallobst kann der Aphorismus als das Andere, die literarische Kehrseite eines realen Gegenstandes oder Tatbestandes gelesen und begriffen werden. In ihm wird eine Aussage, ein Ding unter einer veränderten Perspektive wahrgenommen und nimmt eine neue Gestalt an: Bei Arcimboldo werden Blumen, Früchte und Kohlköpfe zur Nature morte eines menschlichen Schädels, im Aphorismus wird aus der Selbsterkenntnis eine Irritation. „Erkenne dich selbst – und du hast ein Problem". Oder: „Je gerechter sie ihre Gunst verteilte, desto enttäuschter wurde das wahrgenommen." Die Metamorphose des Sinns einer Aussage erweitert die Wahrnehmung und das Begreifen.

Am schönsten vielleicht, wenn die gefallenen Äpfel in einem Stillleben von Cézanne leuchten oder im Trou normand, dem Calvados mit Früchten, zwischen den Gängen eines Menüs enden; wenn ein Aphorismus zur Allegorie im Gedicht oder von einem Gedicht umspielt wird: „Fall ab, Herz, vom Baum der Zeit, fallt, ihr Blätter, aus den erkalteten Ästen, die einst die Sonne umarmt". (Ingeborg Bachmann, in: *Die gestundete Zeit*)

Nicht nur der Wurm, sondern zumal die Zeit nagt an der Frucht und lässt sie fallen – langsam und organisch sich mit der Schwerkraft vereinigend: „Verlangsamte Zeit breitet räumlich sich aus" und erzeugt das Gefühl der Vanitas; in ihm erweist sich der Prozess des Lebens als „umsonst": vergeblich und zugleich gratis – frei. Wie auch das Alter sich darstellt: als eine Frucht, die einem in den Schoß fällt. „Wer die statistische Lebenserwartung überlebt, kann ohne Angst sich frei fühlen: vogelfrei."

Die Erkenntnis verdankt sich nicht nur einem paradiesischen Fruchtbaum, Fallobst in Form von straffen Pointen kann auch die Frucht von Erkenntnissen sein, die sich, wie in diesem Fall, einstellen, wenn der Blick von der Seite, von hinten oder unten, ja von innen auf die Phänomene des Alltags fällt.

Die Texte werden von Kreidezeichnungen von Nicole Janowski-Meyer zum Motiv „Fallobst" begleitet. Dabei handelt es sich um Früchte, die nicht unbedingt als Obst gelten, aber doch von ihrem Träger fallen können.

Hans Norbert Janowski

ästhetisch

Der Vorabend ist die Stunde des Genusses.

Wo der Süden des Nordens beginnt, ist es am schönsten.

Die Poesie des gelebten Augenblicks!

Ungeteilter Genuss ist glückloses Behagen.

Wer auf die Uhr schaut, kann nicht genießen.

Souverän:
Ironie ist der Schlupfwinkel der betrachtenden Intelligenz.

Das Spektrum zeigt die Flagge des Reiches Gottes.

Der Apfel in der Hand:
Warum wollte der Schöpfer das Geheimnis der Kultur nicht lüften?

Assisi:
Selbst die sanfte Radikalität der Armut können wir nicht anders verehren, als unsere Devotion zu vergolden und zu monumentalisieren.

Der Aphorismus:
eine literarische Ausdrucksform von Melancholikern.

akustisch

Schöne Stimmen:
wenn sie üben, stört das.
Wenn sie auftreten, werden sie gefeiert.

Wer kein IPhone hat,
hört auch das Gras nicht wachsen.

Bei sonorem Brummen von Flugzeugen
überkommt ihn stets ein Fluchtreflex.

Sphärenklang und kalkulierter Affekt:
Musik!

Bachs Johannespassion
führt dich an den Rand,
die Kante deiner Tage.

Die Pause
macht das Sprechen ausdrucksstark.

Solange vom Turm die Glocken läuten,
hat Europa eine Botschaft.

Der Floh im Ohr
hört als erster die Flöhe husten.

In der Stille hörte er nur sich selbst –
und war verstimmt.

Halte das Ohr an die Wand –
und du bist mittendrin.

chromatisch

Der Aphorismus sollte eine akute Spitze,
darf aber eine ambivalente Pointe haben.

Was zwischen den Zeilen steht,
ist meistens wahr.

Wenn die Zeugen verstummt sind,
verliert das Gedächtnis seine Farben.

Das Alltagsgrau schärft den Blick
für die Konturen der Dinge.

dialektisch

Die Gegenwart ist flüchtig, aber vergeht nie.

Als Gott über sich selbst nachdachte, muss er auf den Teufel gekommen sein – sonst würde die Welt stillstehen.

Die Wahrheit ist subjektiv und relativ –
selbst in ihrer Objektivität.

Die Wahrheit ist unbestreitbar strittig.

Die Wahrheit bevorzugt das Unglaubliche.

Die Weihnachtsbotschaft ist so unwahrscheinlich, dass man sie glauben muss, um ihren Realitätsgehalt zu erkennen.

Je unabwendbarer die Niederlage, desto wichtiger der Kampf!

Wer nicht streiten kann, kann auch nicht friedfertig sein.

Zustimmen kann ich nur,
wenn ich Gelegenheit habe zu widersprechen.

Ich hatte Pech –
das war mein Glück.

Das günstige Licht, das auf dich fällt,
spendet den Schatten, den du wirfst.

Alles Periphere ist zentral.

Er widerspricht sich oft selbst -
weil er die Wahrheit nicht kennt.

dramatisch

Oft zieht uns herab, was uns erhebt.

Wenn zwei Liebende sich streiten,
hilft ein Dritter schon gar nicht.

Nichts zu tun,
bewirkt oft eine katastrophale Menge von Folgen.

Die Lüge ist die kleine Schwester der Gewalt.

Der Hass ist gefräßig; er verschont auch sich selbst nicht.

Die Mühen der Besten sind umsonst:
gratis, aber vergeblich –
das Morden bleibt.

Widerstehen oder anpassen –
anpassen, um zu widerstehen:
das menschliche Drama in der Katastrophe.

drastisch

Im Keller finden sich nicht nur die Vorräte,
sondern auch die Folterer.

Vermisstenmeldung: Der Zeitgeist hat den Verstand verloren!

Pluralistische Streitkultur:
Wer Recht hat, entscheidet nicht das Messer, sondern das Los.

Kann man hartnäckig gelassen sein?
Die Stoiker haben gezeigt, wie das geht.

Sich mit dem Schrecklichen abfinden, ist unbarmherzig.

empathisch

Der Berserker ist ein Pflegekind der ängstlichen Güte.

Die wachsame Geduld
ist die Mutter des selbständigen Menschen.

Eine Träne nachweinen – das kleine Glück des Abschieds.

Emotion und Empathie statt Verstand und Strategie.

Am Ziel findet selbst der Verlierer Gefallen.

Das Leid des Opfers übt eine Macht aus,
die sich nicht rechtfertigen muss.

Mein Herze soll dir grünen,
singt Paul Gerhardt –
das geht auch noch mit achtzig.

empirisch

Das Leben muss der Mensch erst lernen – ein Leben lang.

Erst die Erfahrung qualifiziert dich
für die Wahrnehmung des Ganzen.

Das Erinnern ist eine eiserne Ration,
das Vergessen eine Kunst.

Was du nicht vergessen kannst,
daran solltest du dich auch erinnern.

Der Verdacht hat tiefergreifende Folgen als das Faktum.

Realität ist alles, worunter wir leiden.
Alles andere ist Wahrnehmung.

Ach, sagte sie, ich bin gar nicht schön,
ich sehe nur so aus.

energisch/energetisch

Der Drachen steigt, solange man ihn zieht;
lässt man ihn fahren, stürzt er ab.

Der erste Schritt ist schon der halbe Weg,
der zweite aber der Aufbruch.

Weichei, Warmduscher, bleibe hart in deiner Menschlichkeit!

Der Aphorismus verschweigt das Gefühl, um es zu entfachen.

Aphoristik: Brühwürfel-Literatur.

Alles positiv zu sehen, ist mir zu anstrengend.

Hass und Neid sind positive Energien: sie stoßen ab.

Die größte Energiekrise: das Alter.

erotisch

Wenn das Mögliche wirklich wird,
verliert es seine Anziehungskraft.

Wer bei einem gemalten Akt nacktes Fleisch sieht,
ist ein Spanner.

Wie sexy: die kalte Schulter!

Der fiktive Realismus der Mathematik
erregt in ihm erotische Gefühle.

faktisch

Aphoristiker sind lakonische Erzähler.

Je unscheinbarer, desto wirksamer: das Gift und die Liebe.

Je größer die Hoffnung, desto heftiger die Enttäuschung.

Das Finden kommt vor dem Suchen.

Der Tag beginnt am Morgen, der Festtag am Vorabend.

Nach dem Happy End: die Plagen des Alltags.

Alternative Fakten verdoppeln die Wirklichkeit
wie ein Gaza-Tunnel.

Nichts ist so wahr wie die Lüge,
eine Essenz aus Putins Giftschrank.

Der Huf des Pferdes des Propheten:
wirklich ist, was Spuren hinterlässt.

Krimi-Autoren und Diktatoren werden selten ermordet.

Auch der Weihnachtsmann hängt an der Lieferkette.

Im Alter sind die Beine wichtiger als der Kopf.

forensisch

Die Seuche erhöht den Kontrollbedarf -
so sichert man die Freiheit durch deren Beraubung.

Der Mann aus Nazareth:
seine Ohnmacht war so groß, dass sie die Welt veränderte.

Offene Frage: wie lange noch?

Frohe Botschaften dringen nicht durch;
vielleicht kommen wir via negationis den Beständen näher.

Mit der Säkularisierung des Himmels
kroch auch der Teufel aus der Unterwelt.

Das erfrischendste Streitobjekt: des Kaisers Bart.

Werbung war einmal ein existenzieller Akt.

harmonisch

Ora et labora :
Kirche und Labor schließen einander aus, sind aber aufeinander bezogen.

Wie kann man die Wahrheit lieben,
wenn sie doch so unangenehm ist?

Wer singt,
schwingt sich in die Resonanz der Leiber und der Dinge ein.

Der Harmoniebedürftige genießt auch seine Niederlagen.

Das Palaver ist auf Konsens aus,
social media entspannen oder vergiften.

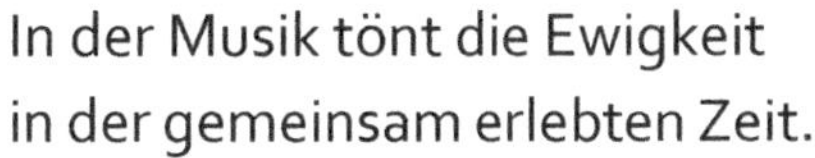

In der Musik tönt die Ewigkeit
in der gemeinsam erlebten Zeit.

Wer „wir" sagen kann, ohne Widerstand zu erregen,
kann sich zuhause fühlen.

Integrieren – gut und schön; intrigieren ist aufregender.

Ausschlafen zu können,
gehört zu den Privilegien des Alters.

himmlisch

Der Himmel ist der Wolkenschleier über uns,
durch den wir Gott erkennen können,
ohne zu sterben.

Der Tod überschreitet eine Grenze –
ins Freie oder ins Nichts?

Die Zeit: ein Nichts und doch allmächtig –
sie macht uns zu Bettlern um ihre Gnade.

Geistliche Astronomie:
Im Himmel leben wir schon auf Erden.

Engel sind heute die Boten
von Codes und Passwords.

Ist das Paradies ein alternatives Faktum?

Wo oben ist,
sagt dir die Gravitation.

Ohne Jenseits
ist das Leben ein Torso.

Die Kirchturmspitze wies hin auf die himmlische Macht.
Geblieben ist nur der Wetterhahn.

Recycling: gesammelt, gefressen, verfault –
was vom Baum fällt,
nährt auch die Biophysik des Geistes.

historisch

Geschichte ohne Gedächtnis bringt alte Schuld zurück.

Das Abendland ist eine Veranstaltung für Historiker.

Jede große Kultur hat ihre Weltstunde –
deren Puls ist die Gewalt.

Was gestern war, ist heute etwas Anderes.

Die Gegenwart ist ein kurzes Vergnügen;
dauert sie länger, wird sie zum Leiden.

Alle drei Generationen sind die Völker kriegsbereit.

Rebellen treiben es selten weiter als bis zum Anschlag.

Die Kloake ist eine Quelle für das Leben und die Forschung.

hypothetisch

Glaubst du wirklich, im Spiegel siehst du dich selbst?

Am Abend des letzten Tages wird Stille sein –
eine Stille, die niemanden mehr ergreift.

Wenn die Zeit, die an uns nagt, keine Fiktion ist,
muss es auch die Ewigkeit geben –
vielleicht im unvergänglichen Augenblick.

Nachdenken ist die Muse der Vordenker.

identisch

Die Zeit macht es unmöglich, identisch zu sein.

Zuhause ist man dort, wo man erkannt wird.

Selbstoptimierung: Ich traue nur noch meinem Vorurteil.

Um den Kopf nicht zu verlieren, gab er kopflos auf.

idiotisch

Querdenker meinen, dass die Anderen sich impfen lassen, um sie anzustecken.

Auch Wahn hat seine Ratio.

Von zwei vermeidbaren Dummheiten begehst du, wenn du gut vernetzt bist, mindestens drei.

klinisch

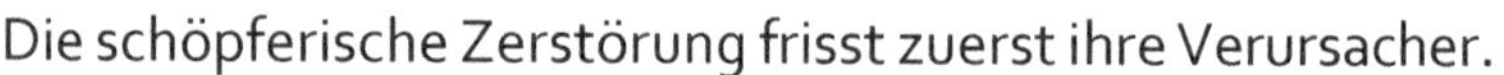
Die schöpferische Zerstörung frisst zuerst ihre Verursacher.

Verrückt bist du erst, wenn es soweit ist.

Kopfschmerzen lähmen;
schmerzhafte Gedanken sind heilsam.

Langeweile ist eine ansteckende Krankheit;
sie wird durch Reden übertragen.

Leistungssport ist gesund,
aber nicht geeignet für ein langes Leben.

Warten auf ein Ende macht das Gemüt krank.

Das zeitgenössische Böse ist unauffällig:
man macht sein Gift unnachweisbar.

komisch

Wie peinlich: nun habe ich auch die Eselsbrücke vergessen.

Steigerung: heimisch – heimlich – heimtückisch.

Heiterkeit im Denken findet man oft bei Skeptikern.

kritisch

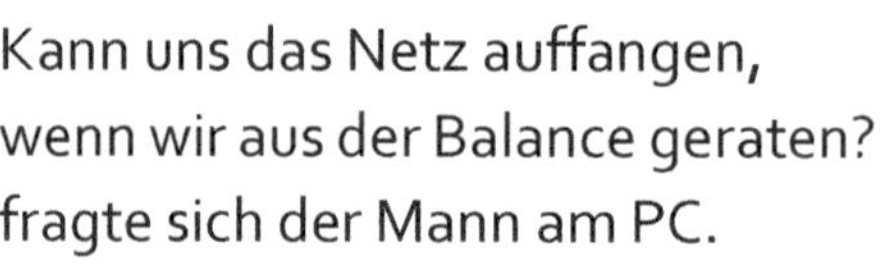

Kann uns das Netz auffangen,
wenn wir aus der Balance geraten?
fragte sich der Mann am PC.

Die großen Werke altern langsamer als ihre Kritiker.

Das Glück gehört einer anderen Sphäre an als der Sinn.

Die Täuschung hat einen längeren Atem als die Lüge.

Der Zweifel ist der Geburtshelfer des Glaubens.

Paulus würde uns zurufen:
Lebt so, als ob es nicht zu spät wäre!

Das Wahre kann nicht schön sein;
denn die Schönheit ist Schein, nicht Wesen.

Den einen bieten die Glocken das Geläut,
den Anderen das Gebimmel –
dazwischen liegen Welten.

Theologen: konkretionssüchtige Universaldilettanten.

Das Nein ist kreativ,
weil es dich aus allen Selbstverständlichkeiten herausreißt.

Konstruktive Kritik ist mehr Seelsorge als Urteil.

Die Freiheiten bringen die Freiheit zu Fall;
man verliert das Vertrauen.

Krisenzeiten bekommen dem Aphorismus gut.

Man glaubt gar nicht, welch produktive Kraft der Zweifel ist.

logisch

Anders als der Andere sind alle.

Wer zögert, landet auf den letzten Plätzen.

Man hört nie auf anzufangen.

Achte auf deine inneren Widersprüche, aber dulde sie. Widerspruchsfrei leben zu wollen, ist unredlich.

Das Traurige an der Vollendung: sie hat keine Zukunft.

Vielleicht ist der alternative Irrtum der Wahrheit näher.

Auch der Zweifel ist zweifellos zu bezweifeln.

Die Lüge braucht ein logisches System;
die Wahrheit kann sich mit den Fakten begnügen.

magisch

Der Zufall begünstigt oft den,
der daran glaubt.

Nichts Schöneres
als simple présence.

Ewig gegenwärtig:
das Jetzt.

Der pommersche Landregen ist erhaben
wie ein Wartesaal in der Provinz.

Wenn man das Ziel erreicht hat,
erlebt man einen Augenblick der glücklichen Ratlosigkeit.

Wer sich selbst belügt,
schluckt ein wirksames Palliativ.

moralisch

Sei positiv! Gott bewahre.

Wer lügt, kennt die Wahrheit.

Weil wir das Böse kennen,
vermögen wir das Gute nicht zu tun.

Güte ohne Schläue und Erfahrung macht dich zum Opfertier.

Wer nicht vergessen kann, muss das Verzeihen üben.

Zeit zu haben ist ein Reichtum – wenn du keine hast.

Das Verlorene schmerzt mehr als das Versäumte.

Liebe eint, Geld trennt – wenn Liebe trennt, tröstet Geld.

Wer das Notwendige nicht akzeptieren kann, ist unfrei.

Zitiert zu werden, ist das höchste Gut der scientific community.

Das gemeinsame Leid festigt die Freundschaft stärker als der gemeinsame Sieg.

Besorgen – entsorgen; nichts bereitet größere Sorgen.

Der Geizige gönnt auch sich selbst nichts.

So tun als ob – eine anstrengende Lebensform.

Lieber lassen als unterlassen.

Edel, hilfreich und gut! Schön, wenn man es sich leisten kann.

Liebe deinen Nächsten wie dich selbst –
was aber, wenn es zu viele werden?

Indem du deine Grenzen zu verbergen suchst,
hast du sie schon überschritten.

Neid ist tödlich, auch für den Neider.

Demut ist die Arroganz der Glücklichen.

Der Geiz ist eine aggressive Spielart der Enthaltsamkeit.

mythisch/mystisch

Im Erinnern und Erzählen leben wir; das Leben ist der Mythos.

Wo Taten am Anfang stehen,
beginnt die Geschichte mit dem Tod.

Im Erzählen von Geschichten
lebt der Widerstand gegen eine zerfallende Welt.

Der Mythos erzählt, wie es immer war:
dass die Grundprobleme des Lebens unlösbar sind.

Das Mysterium des Lebens liegt in der Endlichkeit des Leibes.

Den Mythos kann man erleben,
die Vernunftkritik nur verstehen.

Die Alten fürchteten den Neid der Götter,
wir fürchten Hass und Neid aus dem Internet.

ökologisch

Öko: Absage an Abgase.

Die Hoffnung ist vital wie ein Rhizom.

Pfeifenraucher sind eine bedrohte Art. Als Schutzmaßnahme ist Kasernierung im Club oder Auswilderung zu empfehlen.

Börsentipp: Kaufe grüne Anteilscheine und Panzeraktien – nachhaltig sind beide.

Für Päpste, die reisen,
ist Autorität zu einer Bringschuld geworden.

Je höher der Aufstieg, desto dünner die Luft.

Das Klima? lebensbedrohend – aber Auswandern hilft nicht.

Wachstum – so schön es ist, es führt zum Tod.

Wer fastet,
berät sich mit seinen Maßstäben, Bedürfnissen und Lüsten.

Wetter, Geld, Liebe und Zeiten –
heute taktet der Wechsel das Leben

ökonomisch

Der Wert von Werten wird nicht an der Börse gehandelt.

Modern Life:
Sie wohnen auf Kredit und hinterlassen ein Vermögen.

Fülle deine Bildungslücken mit Fachwissen.

Der Rezensent: den Text lesen zu müssen,
versaut einem die ganze Kritik!

Wo Geld ist, sind auch Mafiosi.

Geld und Blut:
es nährt das Leben, fließt und verrinnt.

Wer mit der Liebe geizt,
hat eine trockenen Seele.

Wie vorteilhaft: Arm sein ist kostengünstiger!

Getaktet gelebt und dennoch immer er selbst:
sein eigener Sklave.

Heute bedeckt man die Blöße nicht mit,
sondern verkauft sie ohne ein Mäntelchen.

Wer die Wahrheit liebt, sollte mit ihr sparsam umgehen.

Vergessen ist eine Kunst – es sei denn, man ist alt.

Was bietet jemand, der alles hält, aber nichts verspricht?

Tote Zeit hinterlässt keine Erbschaft.

optisch/perspektivisch

Die Farben sind das Jenseits im Diesseits.

Wunderbare Randerscheinung: der Küstensaum.

Schlüsselloch und Mikroskop: zwei Weltanschauungen.

War das Ziel, das du erreicht hast,
jenes, das du angestrebt hast?

Wir leben im Posthistoire, aber vor der Katastrophe.

Das Interessanteste an der Zukunft
ist ihr Schon und Nochnicht.

Wir müssen uns beeilen, die Zukunft hat längst begonnen!

Mensch sein: anleben gegen den Zerfall.

Das Wahre am Fotorealismus ist die Fälschung.

Die Wahrheit des gelebten Augenblicks
erkennt man durch das Prisma der Erinnerung.

Erziehung ist Vorbereitung auf ein gelingendes Leben;
wer dabei kalkuliert, verfehlt das Ziel.

Die Wege, die man kennt, werden kürzer.

Der kürzeste Weg ist selten gerade.

Verjüngungskur:
die Zeit verkürzen durch Erinnern.

Die Zukunft tritt nicht ein,
sie stirbt in uns hinein.

Die Gewalt kann die Wahrheit nur vertagen.

Pluralismus:
Im Wimmelbild der Kontexte geht der Text verloren.

Je dunkler es wird, desto schärfer lernt man sehen.

Die Welt zu sehen, wie sie ist,
bedeutet, sie zu sehen, wie sie erscheint;
sie wahrzunehmen, wie sie erscheint,
heißt aber nicht, sie zu sehen, wie sie ist.

Wer nicht warten kann, hat auch kein Glück.

Wer einmal etwas überwartet hat,
nimmt es sich, wo er kann.

Bei Licht besehen,
werfen auch Leuchttürme einen Schatten.

Hühneraugen erkennen auch im Dunklen,
wo der Schuh drückt.

pathetisch

Wer sein Schicksal annimmt, kann ihm widerstehen.

Die langen Abende, die kurzen Nächte –
das waren die schönsten Tage.

Lass dich nicht gehen –
gehe selbst, solang es geht.

Das Glück und der Schrecken sind unteilbar.

phantastisch

Wenn es im Jenseits ein Diesseits gäbe,
würde ich mich anmelden.

Mach dir keine Illusionen! – Aber was denn sonst?
Ich brauche sie, um die Wirklichkeit zu erkennen.

Der Ruhestand ist Resturlaub.

Wie schön und schmerzlich
die Sehnsucht nach der Zukunft von damals!

Liebe folgt keinen Maßstäben.

Lügengebäude sind labyrinthische Architekturen.

Nach einem Horrorfilm schlafen die meisten besser.

Wenn der Verdacht die Phantasie bewegt, bist du alt.

Der leere Raum ist voll von Schwarzen Löchern.

phlegmatisch

Der leise Abschied, der alles offenlässt, ist endgültig.

Die aggressive Gleichgültigkeit der Agnostiker!

Geduld ist eine cholerische, keine phlegmatische Tugend.

Der Untergang ist nahe! – das war er schon immer.

Wenn sie einander nichts mehr zu sagen haben,
vertrauen sie sich dem Network an.

philosophisch

Horizont:
die nur durch die Anderen überschreitbare Grenze der Subjektivität.

Fragen muss man lernen, Antworten gibt es genug.

Erkenne dich selbst – und du hast ein Problem!

Der Widerspruch ist die Mutter des Denkens.

Es gibt nur eine Wahrheit, aber viele Wahrheiten.

Der Sinn ist eine lebensdienliche Notlüge.

Wir haben es gut:
wir können uns auf die Frage nach dem Sinn beschränken.
Was jenseits des Sinns liegt, geht uns nichts an.

Freiheit heißt, im Anderen bei sich selbst zu sein
– meint Hegel.

Vollständigkeit ist eine Gotteslästerung.

Denker übersehen das Offensichtliche gern.

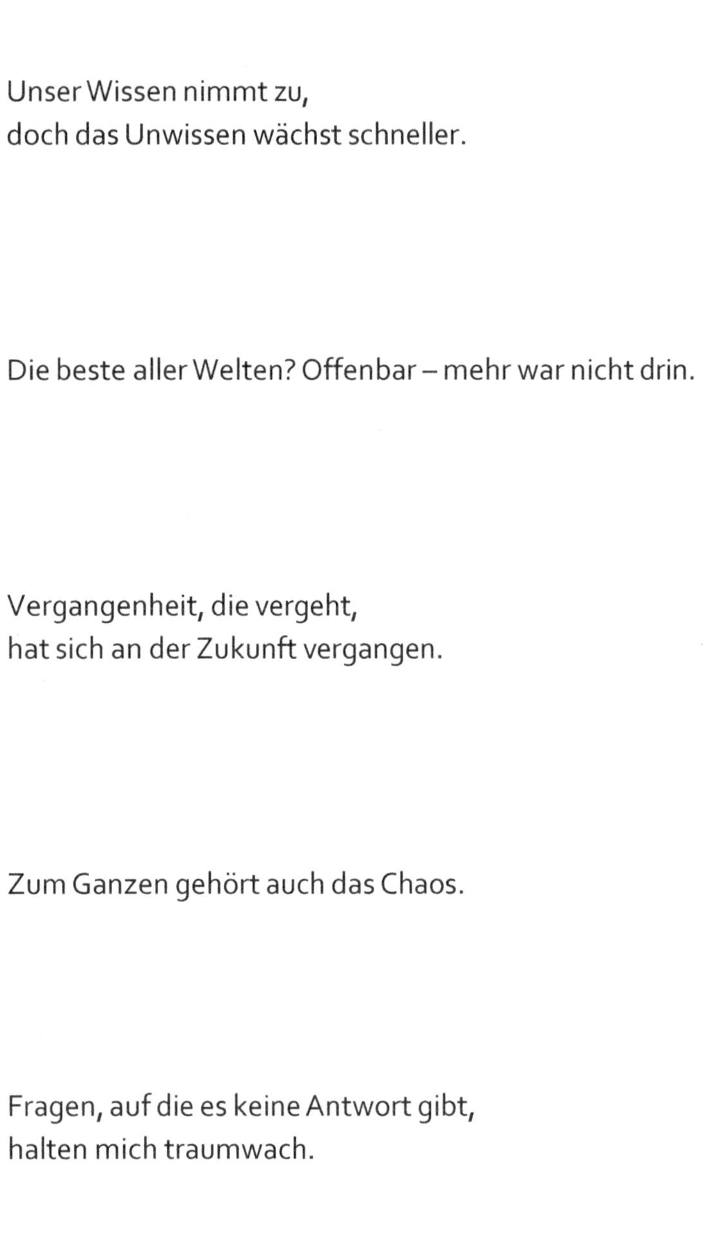

Unser Wissen nimmt zu,
doch das Unwissen wächst schneller.

Die beste aller Welten? Offenbar – mehr war nicht drin.

Vergangenheit, die vergeht,
hat sich an der Zukunft vergangen.

Zum Ganzen gehört auch das Chaos.

Fragen, auf die es keine Antwort gibt,
halten mich traumwach.

Der Kompromiss ist eine Friedensformel,
die über den gegenseitigen Vorteil hinausweist:
auf Glaubwürdigkeit.

Das Böse ist eine Dimension der Freiheit.

Die Null ist keine Zahl,
aber doch die Quantifizierung des Nichts.

politisch

Nicht die Zeit, sondern uns selbst müssen wir umstellen.

Die kinderarmen Europäer brauchen Zuwanderer,
aber sie stören.

Eine Wahrheit ist gefährdet, wenn eine Institution sie hütet.

Ideologen haben Schwierigkeiten
mit dem Selbstverständlichen.

Was wird aus der Demokratie,
wenn die Diskriminierten in der Mehrheit sind?

Nichts ist tückischer als das gemeinsame Interesse.

Es ist ungerecht, Ungleiche gleich zu behandeln.

Freiheit – das höchste Gut und die teuflischste Versuchung.

Womit müssen wir den Luxus der Freiheit bezahlen?

Er macht eine erfolgreiche Karriere – als Mitläufer.

Sein Heimatgefühl war so stark,
dass er sich wehrte, als Andere es mit ihm teilen wollten.

Grenzen hüten die Menschlichkeit,
Mauern schützen die Macht.

Wehrlose können den Frieden nicht wahren.

Alt gewordene Revolutionäre werden reaktionär.

Wo dem Herrschenden nur Ehrenhaftes erlaubt ist,
wird auf Widerruf geherrscht – meinte Seneca.

Heiterkeit stellt sich ein, wenn nichts mehr zu retten ist.

praktisch/pragmatisch

Auf vier Beinen käme man besser durchs Alter.

Lässt sich Menschlichkeit programmieren?

Was ist glaubwürdiger als der Opportunismus?

Der Tempel, das Theater, der Palast sind tot.
Ein heutiges Gebäude ist die verkleidete Infrastruktur
von Röhren und Kabeln – eine Maske, zum Abriss bestimmt.

Solange du oben bist, musst du die Balance halten.

Der gesunde Menschenverstand:
pragmatischer Opportunismus.

Im Verhältnis zum Falschen
ist das Richtige besser dran als das Wahre.

Die Bewusstseinserweiterung im Traum:
Raum ohne Miete und Erwerb.

Wachsen und reifen kann man nur,
wenn man an seine Grenzen stößt.

Der direkte Weg zum Ziel ist das Nein.

Unzufrieden sein kann man nur mit dem, was man hat;
mit dem, was man nicht hat,
kann man sich nur zufriedengeben.

Unbeständiges Wetter schont die Ressourcen.

Der Niederträchtige kann tun, was er will,
er kommt immer zurecht.

prophetisch

Homunculus: KI wird den Menschen dienlich sein,
aber die Menschlichkeit unterlaufen.

Wer die statistische Lebenserwartung überlebt,
kann ohne Angst sich frei fühlen: vogelfrei.

Ach, wenn die Zeitenwende
sich als ebenso lebensspendendes Signal erweisen würde
wie die Sonnenwende!

psychophysisch

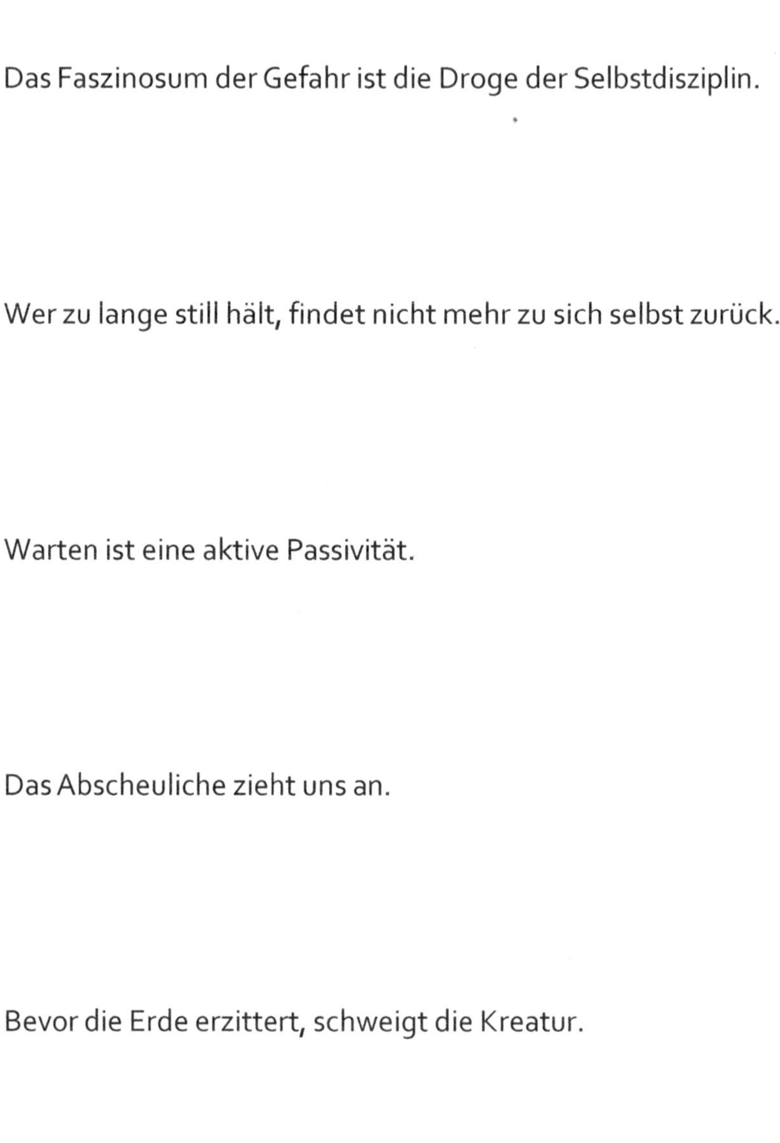

Das Faszinosum der Gefahr ist die Droge der Selbstdisziplin.

Wer zu lange still hält, findet nicht mehr zu sich selbst zurück.

Warten ist eine aktive Passivität.

Das Abscheuliche zieht uns an.

Bevor die Erde erzittert, schweigt die Kreatur.

Wer sich selbst verwirklicht, wird zum Beziehungskrüppel.

Im Schmerz der Verzückung gewinnst du als Ich dich zurück.

Um das Bewusstsein zu beruhigen, genügt der Beichtstuhl,
für das Unterbewusstsein braucht es jahrelange Analyse.

Nach langen Jahren das Wiedersehen – ein heilsamer Schock.

Wer Geburtstage vertagt,
hat ein gebrochenes Zeitbewusstsein.

Die Erwartung geht tiefer als die Erfüllung.

Was unterscheidet die Biochemie der Psyche von der Seele?
die Tränen.

Wer die Tiefe des Nichts denken will, muss schwindelfrei sein.

Behüte den Schmerz des Abschieds,
sonst spürst du das Glück der Ankunft nicht!

rhetorisch

Gute Streiter sind auch gute Vermittler.

Das Bürgerrecht im Nirwana
wird nur an eingefleischte Nihilisten vergeben.

Rhythmus und Metrum sind der Puls der Rede.

Gut Gedachtes lässt sich kurzfassen.

Die Kunst des Autors besteht im Weglassen.

An den Fragen zeigt sich, wer du bist.

Wer ist schon Jeder?

Heute ist man nicht alt, man wird nur älter.

Worauf warten Sie? Eine bessere Zukunft –
Die ist längst vorbei.

skeptisch

Skepsis ist ein Akt kluger Demut.

Verdient ein Betrüger mit schlechtem Gewissen
mildernde Umstände?

Die Freiheit der Menschheit, sich selbst zu vernichten,
lähmt die Risikofreude.

Wer diese Zeit unbeschädigt übersteht, hat nicht gelebt.

Der Zeuge war so genau, dass es nicht wahr sein konnte.

Glückliche Menschen schreiben nicht.

Gnade, Segen, Gerechtigkeit, Verheißung, Trost:
das gesprungene Porzellan der alten Wörter –
wer kann es kitten?

taktisch/strategisch

Mutationen und Metamorphosen:
Die kreative Phantasie der Natur folgt nicht nur Gesetzen.

Das Gebet unterbricht den Lauf der Zeit.

Strategie der Selbstbehauptung: die Lebenslüge.

Wetter, Geld, die Liebe und die Zeiten:
heute taktet der Wechsel das Leben.

Wer im heutigen Krieg siegen will, ruiniert sich selbst.

Lieber eigennützig als gemein.

Seltsam, dass Schachspieler selten bedeutende Strategen sind.

Herrschen durch Dienst:
in autoritären Gesellschaften ein weibliches Dominanzprinzip.

Wer gut vernetzt ist, kann auf Argumente verzichten.

Den Krieg vor dem Sieg beenden –
ein strategischer Hochseilakt!

Wer die Hölle kennt, findet auch ihren Ausgang.

Das produktive Missverständnis
und die schöpferische Zerstörung:
die schönen Listen des Verstandes.

Das Glück schleicht sich von der Seite an –
von der schwachen.

Die Wahrheit hat es schwer: sie kann nicht zurück.

Die Krise gibt Anlass, nach der Chance zu suchen,
die in ihr steckt.

Durchgeplant und überraschungsfrei
wird man zum Funktionär des eigenen Lebens.

Single:
monadischer Nomade, der im Dickicht der Städte sich selbst sucht.

Wie viele Dummheiten verdanken sich einem gescheiten Kalkül!

Je gerechter sie ihre Gunst verteilte, desto enttäuschter wurde das wahrgenommen.

technisch

Mit Fallstricken ein Netzwerk knüpfen.

Je raffinierter, desto anfälliger.

Das Geflecht der Aquädukte, Kanäle, Pipelines, von Kabel und Internet: die Arterien der Zivilisation kopieren die Natur und saugen sie aus.

Was quer liegt, bleibt meist im Halse stecken.

Zeitlupe: verlangsamte Zeit breitet räumlich sich aus.

Je rationeller die Welt, desto mehr psychen die Leute.

Alles, was wir können, werden wir tun;
wir sind der Freiheit nicht gewachsen.

Je verfeinerter die Technologien,
desto brutaler die politischen Umgangsformen.

Speichern ist etwas Anderes als Erinnern –
es hält die Zeit an.

Bei Gedankengebäuden besteht immer Einsturzgefahr!

theoretisch

Forschungsergebnis: außer Hypothesen nichts gewesen.

Theorien geben Sicherheit – ob sie zutreffen oder nicht.

Theorien sind real,
auch wenn sie der Wirklichkeit nicht entsprechen.

therapeutisch

Covid: das Maß der Nähe ist die Distanz.

Ein Tor, wer niemals aufgibt;
er lernt die Heilkraft des Maßes nicht kennen.

Das Bohren dicker Bretter belebt die Phantasie.

Wer langsam lebt, hat mehr vom Leben.

Statt Nostalgie die tägliche Neugier.

trügerisch

Die Wirklichkeit täuscht über ihre Gesetze hinweg.

Was ist natürlicher als die Täuschung?

Die Mittel verraten den Zweck.

utopisch

Eine tröstliche Utopie: die Liebe zum Nächsten.

Ein Sommerabend auf dem Mond bei einem Glas Wasser und einer Schoko-Oblate im Gespräch über das gute Leben.

Die Utopie ist ein Leitstern, dessen Abstand dafür sorgt, dass wir nicht verglühen.

Utopien halten das Bedürfnis nach einer menschlichen Welt wach; sie verlieren ihr Gesicht, wenn man daran geht, sie zu verwirklichen.

zynisch

Unter den bewusstseinserweiternden Drogen
die nachhaltigste: das Kunstwerk.

Der Streit ist die beste Verständigungsstrategie.

Die Friedensbewegten sind oft friedlose Zänker.

Das zeitgenössische Böse ist unauffällig wirksam;
man macht sein Gift unnachweisbar.

Wertewandel: statt rauchen kiffen.

Die Wahrheit ist kostbar –
solang sie nichts kostet.

Wer der Lüge glaubt,
gehört zur Mehrheit.